L K 8 358

EXAMEN

DES

QUATORZE OBSERVATIONS

De M, le général DUVIVIER.

EXAMEN

DES

QUATORZE OBSERVATIONS

De M. le général Duvivier,

SUR

LE DERNIER MÉMOIRE DU GÉNÉRAL BUGEAUD,

AVEC CETTE ÉPIGRAPHE :

Vox clamantis in deserto !

PAR LE Dr GUYON,

MEMBRE DE LA COMMISSION SCIENTIFIQUE D'AFRIQUE, ETC.

———————— ❧❦❧ ————————

PARIS,

CHEZ L'ÉDITEUR,

34, RUE MONTMARTRE.

—

1843.

EXAMEN

DES

QUATORZE OBSERVATIONS

De M. le général DUVIVIER (*),

SUR

LE DERNIER MÉMOIRE DU GÉNÉRAL BUGEAUD (**).

Que la vérité sur l'Algérie a de peine à percer !...

M. le général Bugeaud avait écrit, page 35 de son Mémoire : *Dans les courtes apparitions que je fis en Algérie, en 1836 et 1837, je conçus une idée peu avantageuse de la fertilité du sol africain, tant vanté par l'antiquité ; n'ayant parcouru que la plus maigre partie de la province d'Oran, je pensais que les historiens romains avaient fait de l'hyperbole en disant que l'Afrique était le grenier de Rome.*

(*) *Quatorze observations sur le dernier mémoire du général Bugeaud ;* par le général Duvivier, ancien élève de l'École Polytechnique. — Paris, novembre 1842.

(**) *Des moyens de conserver et d'utiliser cette conquête (l'Algérie) ;* par le général Bugeaud, gouverneur-général de l'Algérie. — Marseille, 1842.

1

«Or, le général, dit **M. Duvivier**, à l'époque où il pensait
» ainsi, n'était pas sans savoir que le pays désigné par les
» Romains sous le nom d'Afrique dans les récits, n'était
» qu'une fraction du territoire actuel de la régence de
» Tunis (*); que l'Algérie n'en faisait nullement partie;
» il savait, en outre, que les blés qui alimentaient Rome
» étaient récoltés sur toutes les belles plaines des environs
» de Carthage, saluées par les Latins du nom de *Magni*
» *campi;* qu'ils étaient récoltés sur toutes celles bordant,
» dans une étendue de plus cent lieues, les côtes allongées
» vers le sud, depuis la ville de Didon jusqu'au delà de
» l'île de Gerbi; il savait aussi que nourrir Rome, dont
» toute la campagne était transformée en jardins, n'était
» pas nourrir l'Italie tout entière. » Ainsi donc, continue
M. le général Duvivier, « il en résultait en 1837, comme au-
» jourd'hui, que cette Afrique des Romains étant une tout
» autre contrée que l'Algérie actuelle, ce n'était pas dans
» l'histoire ancienne de la première qu'il fallait chercher
» les ressources territoriales de la seconde; de même, il
» en résulte aujourd'hui, ce qui fût résulté alors, que ce
» n'est pas de la fertilité incontestée de cette ancienne
» Afrique romaine, qu'il est permis de conclure que l'Al-
» gérie peut l'égaler en richesses (p. 3).»

Ainsi donc, pour M. le général Duvivier, tout ce qui
nous a été transmis par les historiens sur la fertilité de
l'Afrique en général, ne doit s'entendre que d'une de ses
parties, de la province de Carthage seulement, de l'Afrique
proprement dite, *Africa propria*, de la proconsulaire,
comme on l'appelait encore, non du tout de celles qui
constituent aujourd'hui l'Algérie, à savoir, la Numidie

(*) Pline, liv. v, cap. iv.

et les deux Mauritanies, celle de *Sétif* et la *Césarienne.*
Nous passons sous silence les trois autres provinces : la
Tripolitaine à l'est, la *Tringitaine* à l'ouest, et la *Bizacène*
au sud de la province de Carthage.

Mais Salluste, sur lequel le général s'appuie pour étayer,
comme nous le verrons bientôt, une autre de ses assertions,
dit, non pas de la province d'Afrique en particulier, mais
de l'Afrique en général : « Le sol est fertile en grains, bon
» pour les troupeaux, *ager frugum fertilis, bonus pecori*
» (*Jugurtha seu bellum Jugurthinum*).» Il dit aussi, parlant de Métellus, qui arrivait en Numidie : *Itaque in loca
opulentissima Numidiæ pergit.* Il dit encore, Salluste, parlant des expéditions du même Métellus : «La terreur de
» ces expéditions amena dans le camp une foule d'otages,
» des grains et autres provisions en abondance. (*Ea for-
» midine multi mortales humanis dediti obsides, frumentum
» et alia quæ usui florent, affatim præbita).* »

M. Duvivier, ne doutant pas de la fertilité de l'ancienne
province d'Afrique, de l'*Africa propria* (*), il serait oiseux
de lui rappeler ce vers qu'adressait à Rome, en la quit-
tant, le Gaulois Numatianus :

Quin et fecundas, tibi conferat Africa messes!

(*) Nous vîmes l'Afrique d'autrefois où M. Duvivier, et tout le
monde avec lui, la voit aujourd'hui ; mais il résulte d'un passage de
Joseph dans ses *Antiquités Judaïques*, tout récemment exhumé par
M. Marcus, dans ses savantes annotations à la *Géographie ancienne
des États Barbaresques*, par Mannert ; il résulte, dis-je, de ce passage,
qu'en 509 et en 384, époques de deux traités passés entre Rome et
Carthage, l'Afrique était, pour les Carthaginois, tout le pays qui s'éten-
dait à l'ouest, depuis leur territoire jusqu'à l'Océan et la Libye , tout
celui qui, des terres de Carthage à l'est, se prolongeait jusqu'en Égypte.

Mais j'ouvre au hasard Martial, et je lis :

« Prenez ces trois cents mesures de froment de Libye ;»

J'ouvre Ovide, et je lis :

« Dépouillez de sa paille et de son enveloppe l'orge qu^e
» nos vaisseaux apportent des champs de la Libye ; »

J'ouvre Juvénal et je lis :

« Garde ton blé, s'écrie Allédius, ô Libyen ; dételle tes
» bœufs, pourvu que tu nous envoies des truffes (*).

> . . . . . . *tibi habe frumentum, Alledius inquit,*
> *O Libye ; disjunge boves, dum tubera mittas.*

Et que vient nous raconter Tite-Live de la harangue de
Masgaba, fils de Masinissa, dans une audience que lui
donnait le sénat romain ? *Commemoravit*, dit Tite-Live,
*quot pedites equitesque, quot elephantos, quantum frumenti
eo quatriennio pater suus in Macedoniam misisset* (Lib. XLV,
cap. 13).

Les citations de cette nature seraient faciles à multi-
plier. Aussi trouvons-nous dans Mannert, l'un des
hommes qui se sont le plus enquis des vieux temps du
nord de l'Afrique, cette phrase, qu'on dirait avoir été
faite tout exprès pour répondre ici à l'honorable général :
« La Césarienne et la Mauritanie de Sétif formaient, avec
» la Numidie, le principal grenier de Rome. (*Géographie
» ancienne des Etats Barbaresques*, traduction, p. 471.) »
D'un autre côté, les nombreuses populations, autrefois

(**) Il est question ici de la truffe blanche, qui est très commune en
Algérie, surtout dans le sud, où elle acquiert un grand accroissement.
Je l'ai vue, pour la première fois, en 1836; à Bone les spahis de Yus-
souf en mangeaient tous les jours.

disséminées dans les trois provinces qui forment aujour-
d'hui l'Algérie ; les populations, dit-il, ne déposent-elles
pas suffisamment, par le fait seul de leur existence, de la
fertilité du sol où elles étaient? Tous les noms de ces populations ne sont pas parvenus jusqu'à nous ; 293 seulement ont échappé à l'oubli, chiffre encore assez raisonnable
pourtant, et réparti comme il suit :

125, avec évêques, en Numidie ; 126, dont six seulement sans évêques, dans la Mauritanie césarienne ; 42,
avec évêques, dans celle de Sétif (*).

Nous le demandons à M. le général Duvivier, peut-on admettre que tant de populations, dont bon nombre assez
considérables, à en juger par leurs ruines, telles que, dans
la Numidie, celles d'Hippone, *Hippo regius;* de *Calama*,
aujourd'hui Guelma; de *Cirtha*, de *Sigus*, de *Tebessa*, de
Rusicada, etc.; dans la Mauritanie de Sétif, celles de la
capitale, *colonia Sitifensis*, de *Cuiculum*, aujourd'hui
Djémilah ; de *Suldæ*, depuis Bougie, etc.; dans la Mauritanie césarienne, celles de *Julia cæsaria*, la Cherchell des
Arabes ; de *Rusgunia*, en face d'Alger ; de *Maniana* ou
Maliana, la Milianah d'aujourd'hui ; de *Tipasa*, près du
tombeau *dit de la Chrétienne;* de *Lanigara* ou de *ad Ru-*
bras, près Tlemcen, etc.; peut-on admettre, disons-nous,
que tant de cités populeuses aient été fondées dans un
pays sans ressources, dans un pays qui n'aurait pas fourni
abondamment, à ses habitans, leur premier aliment? Mais,
laissant là tous les témoignages antiques, historiques et
archéologiques, en faveur de la fertilité des trois provinces dont nous parlons, cette fertilité ne nous est-elle
pas grandement démontrée aujourd'hui par la connaissance que nous avons acquise du pays, après l'avoir

(*) Vid., dans Ruinart, la *Notice des évêques d'Afrique*.

parcouru comme nous avons fait dans les derniers temps ? Et, en effet, depuis Constantine, à l'est, jusqu'à Masoara et Tlemcen, à l'ouest, l'Algérie n'est qu'un ruban de plaines, toutes fertiles (*), et seulement séparées les unes des autres par des montagnes, plus ou moins cultivées, qui en rompent la monotonie. Que si ces plaines elles-mêmes ne sont pas toutes cultivées comme elles le pourraient être, c'est que, de nos jours, la population de l'Algérie est loin d'être en rapport avec son étendue ; c'est que les indigènes ne cultivent que pour leurs propres besoins ; c'est que, manquant de débouchés, rien ne les porte à cultiver davantage. Toutefois, et nonobstant cet état de choses, l'Algérie n'aura pas moins été pour la France, dans les jours de disette de notre révolution, ce que, pour sa part, elle fut pour Rome autrefois, je veux dire un véritable *grenier*... En vérité, lorsque M. le général Duvivier accusait de stérilité l'Algérie, il fallait qu'il fût sous l'influence d'une préoccupation bien grande, car comment peut-il avoir oublié que c'est l'Algérie, non la proconsulaire, non l'ancienne province de Carthage qui, de 1793 à 1797, vint au secours de la France ; que, dans cet intervalle de temps, il fut expédié d'Alger à Marseille, par les maisons *Bacri* et *Busnach*, pour une valeur de 15 à 20 millions de grains (**) !.... Cet oubli, disons-le, surprend d'autant plus

(*) M. le général Bugeaud dit avoir vu *d'abondantes cultures en orge et en froment*, dans les plaines de l'Hâbra, de l'Illil, de la Mina, du Chélif, d'Eghris, dans le pays des Béni-Amer, dans celui des Flittas, etc., et il estime que les cultures produisent *communément*, par hectare, de 25 à 30 hectolitres en froment, et de 40 à 50 en orge. (*Mémoire cité*, p. 46 et 47).

(**) *Histoire de l'Algérie et des États Barbaresques*, etc.; par M. le baron de Vinchon, officier supérieur. — Paris, 1839.

de la part d'un général élu sur le pavois africain, que la grande fourniture de grains faite par l'Algérie à la France, entra, pour beaucoup, dans les démêlés qui eurent lieu plus tard entre le dey d'Alger et la France, et qui se terminèrent, pour celle-ci, par la conquête d'Alger et notre établissement en Afrique.

Quoiqu'en ait écrit M. Duvivier, l'Algérie d'autrefois devait donc fournir beaucoup de grains à Rome; elle devait lui fournir aussi beaucoup d'autres produits. « Nous mettons » à contributions, dit Manilius, jusqu'aux extrémités de » la Numidie. (*Astronomicon*, liv. v.) » Et Martial (*In philomusum*) : « Tu sais combien de vaisseaux quittent les » ports de la Lybie ! » Juvénal, dont les traits satyriques ont porté sur tout, n'a point épargné non plus l'huile de Numidie. « Car l'huile qu'on vous sert dans vos burettes, » dit le poète, est celle que nous expédient, sur leurs » vaisseaux à la proue aiguë, les enfans de Micipsa; celle » qui rend à Rome les bains déserts quand Bocchar s'y » lave; celle encore qui préserve de la morsure venimeuse » des serpens. (Sat. v, *parasiti.*) »

A en juger par la vigueur de végétation de l'olivier, dans tout le nord de l'Afrique, on peut croire que l'huile a toujours été un des grands produits de ce pays. Aussi nous voyons César, avant de quitter l'Afrique, imposer les habitans de *Leptis,* qui avaient usé de mauvaise foi envers lui, d'un tribu annuel de 300,000 livres d'huile. « César » les taxa, dit Hirtius, à 300,000 livres d'huile par an. » (*La guerre d'Afrique.*) » Et que dit ce même César dans la harangue qu'il prononça à Rome, à son retour d'Afrique, après sa victoire sur Juba? « Qu'il vient d'acquérir » à l'Empire romain un pays si vaste, qu'il peut donner » tous les ans, à la République, 200,000 minots de blé

» et 2 millions de livres d'huile. (*La Pharsale de Lucain,*
» traduction de Marmontel.) »

« Décidé aujourd'hui, dit M. Duvivier, à tout voir en beau,
» M. le général Bugeaud écrit que *le temps a fait justice*
» *de ces exagérations qui représentaient l'Algérie comme ne*
» *possédant ni eau, ni pierres, ni bois.* Comme preuve à
» l'appui, il annonce que les forêts répandues dans les
» diverses localités, présentent une étendue de 70 milles
» hectares. Mais, qu'est-ce donc qu'une pareille étendue?
» c'est celle d'un carré ayant six lieues et demie de côté.
» C'est un peu moins, comme étendue, que nos forêts de
» Fontainebleau; c'est beaucoup moins, comme valeur,
» que ces dernières, si l'on compare nos arbres beaux,
» bien soignés, situés en plaines, à ces arbres d'Afrique,
» en majeure partie grêles, noueux, tortus, poussés, par
» hasard, dans les anfractuosités de rochers à peine acces-
» sibles. Vainement, on nous promet, comme conséquence,
» un revenu annuel de 700,000 francs de liége, abstrac-
» tion faite de l'immense difficulté des transports et des
» dangers de l'exploitation. Vainement, on parviendrait,
» par des découvertes nouvelles, à décupler le nombre
» des forêts existantes, tous ces résultats, pour une con-
» trée qui compte 250 lieues de longueur, sur 50 de
» largeur, ce qui égale presque la moitié de la France,
» n'affirmeront jamais la justesse de ces paroles de Salluste,
» sur l'antique Numidie. (*Arbori infecundus,* p. 4.) »

Mais, ces paroles de Salluste, pour commencer par là,
il les a dites, non de la Numidie en particulier, comme
vous le lui faites dire, mais de l'Afrique en général, et,
sous ce point de vue, peut-être ont-elles quelque justesse.
En effet, on pourrait dire, ce nous semble, sinon que
l'Afrique est moins féconde en arbres que l'Europe, par

exemple, du moins qu'elle n'en possède pas autant. Que
si vous vouliez prendre dans un sens tout à fait absolu,
dirons-nous à M. le général Duvivier, les paroles de Salluste,
vous pourriez, ici, lui adresser le reproche que vous
adressez souvent, dans votre opuscule, à votre ancien
général en chef, celui de se trouver en contradiction avec
lui-même ; car Salluste, qui dit, parlant de l'Afrique en
général, *arbori infecundus*, dit aussi, parlant de Rutulius,
lieutenant de Métellus, en Numidie : *Nam prospectum ager
arbustis conjitus prohibebat.* Il dit encore, Salluste, parlant
des Numides commandés par Jugurtha : *Numidæ, tantum
modo remorati dum in elephantis auxilium putant postquam
eos impeditos rumis arborum atque ita disjectos circumveniri
vident, fugam faciunt.* Et ce que nous ne saurions ne pas
faire remarquer, c'est que M. Duvivier, sur le sujet qui nous
occupe, se trouve aussi, comme Salluste, en contradiction avec lui-même. Ici, en effet, nous pouvons opposer
à M. Duvivier de 1842 M. Duvivier de 1841 ; car M. Duvivier, qui, en 1842, voit tant de justesse dans les paroles de Salluste, sur l'infécondité de l'Afrique, relati-
vement aux arbres ; M. Duvivier, dis-je, n'en avait
pas moins signalé, en 1841, dans un rayon assez
circonscrit de la province de Constantine, *la portion de
l'Algérie au sud de Guelma* (*), jusqu'à quarante-trois
localités ayant du bois. L'une d'elles, Djbel Auress,
l'ancien *Mons Aurarius*, est ainsi annotée par l'honorable
général : « En quantité, frêne, sapin, chêne, buis (*points
» sur lesquels il y a du bois*, p. 34). »
Le général aurait-il donc reconnu, en 1842, qu'il s'é-

______

(*) *Recherches et notes sur la portion de l'Algérie au sud de
Guelma*, etc. ; par **M.** le général Duvivier. — Paris, 1841.

tait trompé en 1841, dans ce qu'il avait dit, à cette époque, du bois existant dans *la portion de l'Algérie au sud de Guelma ?...* Quoiqu'il en soit, nous croyons pouvoir affirmer que le bois n'est pas rare en Algérie, et qu'il y serait moins rare encore si les populations qui l'habitent, l'ussent voulu. Ne perdons pas de vue que, pour récolter il faut semer ; que, pour avoir des arbres, il faut en planter. Or, partout en Algérie, où on a planté des arbres, il en est venu, et il en est venu de fort beaux, si l'espèce, bien entendu, a été appropriée à la nature du sol. L'Algérie est même, on peut le dire, très favorisée sous ce rapport, car, par la diversité de son climat, elle peut reproduire la végétation des climats, en quelque sorte, les plus opposés. Ainsi, sur le littoral, où il ne gèle jamais, ou presque jamais, vous pouvez avoir, et vous avez, jusqu'à la végétation des tropiques (*), tandis que, sur les montagnes, où les hivers sont aussi rudes qu'au centre de la France, vous retrouvez toute notre végétation, tous nos arbres du nord ; mais, objectera peut-être l'honorable général, il ne s'agit pas de savoir si l'Algérie peut se recouvrir de telle ou telle végétation, mais bien si sa végétation actuelle, sa végétation telle quelle, peut suffire aux besoins de sa population.

La question envisagée sous ce point de vue, nous dirons que l'Algérie est encore mieux pourvue en bois que le midi de la France. Nous abandonnons de suite à tout le dédain du général, *les arbres d'Afrique, en majeure partie grêles, noueux, tortus,* ainsi qu'il désigne les lentisques qui constituent, en grande partie, la broussaille

---

(*) La patate, le bananier, la canne à sucre, le goyavier, l'indigotier, le cotonnier, le figuier élastique, etc., etc.

du littoral (*), pour ne parler que de ces beaux arbres plus ou moins sembla bles aux nôtres, par l'espèce, comme par la taille et le diamètre.

Toutes les montagnes de l'Algérie sont plus ou moins garnies en bois de haute futaie, qui sont des chênes, dont on compte quatre espèces (le chêne-liége, le chêne vert, le *quercus robur*, etc., une autre espèce, très belle et nouvelle); des frênes, des micocouliers, des ormes, des peupliers, des caroubiers, deux espèces de pins, des sapins, le vrai et le faux arar (*thuya articulata* et *juniperus oxicedrus*), deux arbres très recherchés des indigènes pour la construction de leurs terrasses.

Dans l'est et sur le littoral, l'Algérie possède les forêts de Lacalle, connues depuis longtemps, et dont les indigènes retirent en abondance des bois de construction et de chauffage, du liége et du tan.

Près de Bone, à six lieues nord-ouest de cette ville, est la forêt de l'Egdoud, forêt considérable, et dans laquelle nous n'avons pénétré que dans les derniers temps, pour les travaux de la belle route que le génie militaire y a fait percer. Dans le nombre des grands végétaux qu'on y rencontre, est le châtaignier, dont le fruit se vend à Bône et dans les environs; il est très multiplié, et bon nombre font songer, par leur volume, au colosse de l'espèce qui existe, comme on sait, sur le revers de l'Etna, en Sicile. C'est

(*) *Lentiscus communis*. Les Arabes le brûle tous les ans, ce qui l'empêche de s'élever; mais, partout où il est respecté, il s'élève et acquiert un assez grand accroissement. Il y en a, près d'Alger, qui ont jusqu'à trois et quatre pieds de circonférence. Son bois serait à introduire dans l'ébénisterie; il est à la fois très-dur et d'un beau rouge.

de la forêt de l'Egdoud que les habitans de Bône tirent tous leurs bois de construction et de chauffage. C'est là, sans doute, que nous devons voir la forêt de *Panaty*, dont parle Saint-Augustin, à l'occasion de différens survenus entre son propriétaire, *Florentinus*, officier d'un comte, et un certain Faventius, qui en était le fermier. «Votre » sainteté connaît, dit Saint Augustin, Faventius, qui » avait pris à ferme la forêt de *Panaty* » (*Lettre de Saint-* » *Augustin à son collègue Fortunat, évêque de Constantine)*».

L'intérêt historique qui s'attache au mont Egdoud, l'ancienne *Papua*, où se réfugia Gélimer, poursuivi par Salomon, lieutenant de Bélisaire; cet intérêt, dis-je, m'engage à consigner ici ce que nous mandait dernièrement, sur sa végétation, un jeune naturaliste, M. Krémer, qu[1] l'a parcouru plusieurs fois.

« Le versant sud-est, dit M. Krémer, est couvert de » de broussailles, comme toutes les montagnes des en- » virons. La base de ces broussailles est formée par le *ci-* » *tysus lanigura*, *l'erica arborea*, le *rhamnus alaternus*, le » *fraisier en arbre*, le *myrte*, *l'erica vagans*, des oliviers, » quelques caroubiers, le *genista gymnoptera*, et bon nom- » bre d'espèces moins communes, comme *l'ephedra fra-* » *gilis*, le *juniperus phœnicea*, diverses espèces de cys- » tes, etc., etc.

« En s'approchant des crètes, on commence à aper- » cevoir une foule de chênes-liége d'une assez grande » élévation, mais d'une dimension ordinaire ; au-delà, du » côté du versant nord, lorsqu'on s'y rend de l'est à l'ouest, » le coup d'œil change tout à coup, et on se croirait » transporté dans le nord de la France, tant à cause des » belles forêts qu'on découvre dans le lointain, et qui ont » l'aspect des forêts européennes, que de la végétation

» toute différente de celle du versant opposé. Des chênes
» d'une dimension gigantesque, et qui doivent avoir plus
» de deux mille ans, ainsi que de gros châtaigniers s'offrent
» d'abord isolément, le long des ravins, et sont de plus en
» plus rapprochés au fur et à mesure qu'on s'avance
» dans l'ouest.

» Sur le versant nord sont des arbres qui, par leur per-
» sistance et le beau vert de leur feuillage, présentent un
» aspect magnifique ; ils feraient l'ornement de nos jar-
» dins. Ce sont des lauriers – sauce (*laurus nobilis*) des
» lauriers-tin (*viburnum tinus*) et des chênes verts. » Plus
loin, au – delà du Boughentas, sont des pins en bon
nombre, et dont on distingue deux espèces : le pin
maritime et le *pinus alopensis.*

Au sud-ouest de Sétif, à une distance d'environ quinze
lieues, est une forêt d'une grande étendue, presque entièrement formée par un arbre dont la connaissance
ailleurs remonte à une époque bien reculée, et qui, aujourd'hui, a presque entièrement disparu des lieux où il
était si répandu autrefois. Nous voulons parler du cèdre
du Liban, *cedrus Libani*, dans ce moment employé par
notre génie militaire aux constructions de Sétif, comme
il le fut du temps de Salomon à celles de ses flottes et
du vénéré temple de Jérusalem (*).

(*) Labillardière, qui visitait le mont Liban sur la fin du siècle dernier, n'y a plus rencontré qu'une centaine de cèdres. Le nombre en
a encore diminué depuis, au rapport de M. le duc de Raguse, qui dit,
parlant des forêts du mont Liban : « Ces forêts ont disparu : sept ar-
» bres seulement restent aujourd'hui pour en conserver le nom et les
» souvenirs. » *Voyage de M. le duc de Raguse en Hongrie, etc.*, t. II,
p. 264. — Paris, 1839.

Nous passons sous silence les forêts qui couvrent les montagnes de *Kolo*, et qui, l'année dernière, ont fourni sur la place de Bone jusqu'à quatre mille quintaux de tan (1); celles des montagnes de Bougie, du Jurjura, des Portes-de-Fer, du Petit-Atlas; enfin, celles de toutes les montagnes qui, de Miliana, s'étendent dans l'ouest, entre autres les montagnes où vivent les Beni-Menasser.

Des bois assez considérables, sinon des forêts, se trouvent aussi dans le pourtour des populations de Mascara et de Tlemcem, jusqu'aux fontières du Maroc. Enfin, une nouvelle forêt de cèdres vient d'être reconnu par nos troupes, à 20 lieues au sud de Milianah; nous y avons un peste, avec un officier du génie chargé de l'exploiter. Les lions y sont si nombreux qu'une compagnie entière n'a d'autre mission que celle de les tenir éloignés.

Nous bornons ici ce que nous avions à dire sur nos ressources forestières en Algérie, renvoyant, pour les détails, au *Tableau des établissemens français dans l'Algérie en 1841*, article intitulé : *Statistique générale des forêts de l'Algérie.*

En résumé, le bois ne manque pas en Algérie ; seulement le défaut de routes est un obstacle à ce que bon nombre de populations puissent s'en procurer aisément. Je remarque que c'est dans l'Algérie du sud, entre l'Algérie proprement dite et le Désert qu'il faut aller chercher les forêts où vivait autrefois l'éléphant; les forêts lybiennes, massyliennes, etc., si souvent mentionnées dans les auteurs latins, poëtes et prosateurs; les forêts d'où sortaient pour les palais de Rome ces tables de *citrus,* avec

(*) *Moniteur algérien* du 20 janvier 1843, n° 518.

leurs pieds d'ivoire. « *Cent tables de Mauritanie,* dit Martial, *avec leurs pieds d'ivoire,*

Mauri Libini centum stent dentibus orbis.

Après s'être attaqué aux arbres, pour dire qu'il n'y en a pas ou presque pas, l'honorable général s'attaque aux pierres.

M. le général Bugeaud avait écrit, page 119 de son *Mémoire : Il fut une époque où l'on disait, où l'on écrivait que l'Afrique ne possédait ni eau, ni pierres, ni bois. Le temps a fait justice de ces exagérations et de bien d'autres, dans un sens ou dans un autre.*

« Comment une telle pensée, dit M. Duvivier, se se-
» rait-elle présentée dans un pays hérissé de Montagnes?
» Ce regret n'a pu porter que sur ces immenses plaines
» d'alluvions. Pour celles-ci, en effet, le prix de trans-
» port qu'exige la longueur du trajet équivaut souvent,
» en résultat final, à une absence presque complète
» (p. 47).

Mais, en vérité, général, vous voudriez donc que le nord de l'Afrique différât en tous points des autres pays du monde! Mais à quoi bon les pierres sous le point de vue où les envisage ici l'honorable général? pour bâtir, n'est-ce-pas? Mais dans les pays où il n'y a pas de pierres, on s'en passe ; dans les pays où il n'y a pas de pierres, on bâtit avec d'autres matériaux, et on n'en construit pas moins ainsi de fort belles maisons, voire même de fort beaux monumens. Que de belles villes aussi en Europe, par exemple, qui se sont élevées sans pierres ! Qu'il nous suffise de nommer Varsovie, Moscow, Pétersbourg et Constantinople. Tout un petit royaume, près de nous, la Hollande, aux villes si régulières, si propres, si belles, ne se compose que de villes construites sans pierres.

Pour type de *ces immenses plaines d'alluvion* dont parle M. le général Duvivier, nous prendrons le plateau de Sétif, dans la province de Constantine. Hé bien! voici quels sont, d'après un *rapport officiel*, les ressources que l'on trouve pour bâtir au centre même du plateau de Sétif. « Le pays » qui entoure Sétif, lisons-nous dans ce rapport, offre des » ressources précieuses pour les travaux du génie. La » pierre à chaux, les moëllons, la pierre de taille, la » terre à tuile, de qualité supérieure, se trouvent sur place. » Le sable est fourni abondamment par *l'Oued Bousselam.* » La pierre à chaux s'extrait de carrières de la plus grande » richesse, situées à seize kilomètres à l'ouest de Sétif; elle » nous est apportée par les Arabes, à des prix modérés. »

L'Algérie, dépourvue de pierres sur certains points, n'en est pas moins très riche en pierres sur d'autres, depuis le granit jusqu'au calcaire, sous toutes les formes. Les belles colonnes de granit de la mosquée de Cherchel, comme celles qu'on exhume de temps à autre du sol de l'antique Césarée, ont été taillées dans les montagnes du voisinage. Les poètes latins ont chanté, et le marbre de Numidie, et les carrières qui le fournissaient. «La Numi- » die aux carrières de marbre » (Martial); et Stace : « Là » brillent à l'envi les marbres des monts Phrygiens et » Libyens! »; et Juvénal :

Parte alià, longis numidarum fulta columnis,
Sulgat et algentem rapiat cœnatio solem.

Les circonstances n'ont pas encore conduit nos troupes où étaient les célèbres carrières de Numidie, qui restent à chercher. Nous ne pouvons manquer de les retrouver, pour peu que nous nous écartions des routes battues jusqu'à ce jour dans la province de Constantine, car, de plus en plus, en Afrique, nous reconnaissons la justesse des indications des anciens sur ce pays. Ainsi nous avons retrouvé, dans la province d'Oran, les ichtyolites et autres fossiles (*spinæ piscium muricum ostreorumque fragmenta*) signalés dans cette province par Pomponius Méla (*) ; comme aussi dans celle de Constantine, les grenats que le géographe Strabon désigne sous le nom de *pierres carthaginoises*, et qu'il dit exister au pied des montagnes dans le pays des Massaeliens (**). Strabon signale encore, dans le même pays, des mines de cuivre où les circonstances nous conduiront sans doute un jour. En attendant, d'autres mines de cuivre sont parvenues à notre connaissance, celles de Médéah et de Ténès, toutes deux susceptibles d'une exploitation avantageuse.

Outre le célèbre marbre de Numidie, dont nous parlions plus haut, la Numidie possédait encore d'autres marbres. L'ancienne Cirta, comme on sait, était construite d'un très beau marbre noir provenant du sol même sur lequel

(*) Les ichthyolites d'Oran, aujourd'hui répandus dans toutes nos collections, en France, se retirent sous les murs même d'Oran, où ils sont en compagnie d'un calcaire coquiller employé aux constructions de la ville.

D'autres ichthyolites, avec conchyolites, ont été aperçus, en 1841, au sud de Mascara, dans l'expédition sur Saïda. C'est ce que je trouve consigné dans une lettre que m'écrivait, sur l'expédition de Saïda, un officier de santé qui en faisait partie. « Ici, dit M. Grosse-Durocher, la » terre semble ouvrir ses entrailles pour y laisser lire le géologue. Au » sommet des montagnes, sur leurs flancs profondément déchirés, dans » le lit des torrens, on trouve en quantité plusieurs espèces de poissons » fossiles, des bivalves d'une étonnante dimension, etc. »

(**) Il existe des grenats sur différens points de la province ; on en trouve abondamment au fort Génois, à deux lieues ouest de Bône, dans des couches schisteuses qui sont baignées par les flots de la mer.

elle était assise ; son mur d'enceinte et le bel aqueduc qui passe sur le Rummel, à peu de distance de la ville, étaient de ce même marbre, qui perce le sol sur une foule d'autres points de la province. Depuis quelque temps, nous l'exploitons à Bougie, pour la construction du quai qui se fait dans ce moment au port d'Alger.

Toutes les personnes qui vont à Bône, visitent la carrière du fort génois, carrière qui était connue des Romains, à en juger par une colonne inachevée qui s'y voit encore, et qui porte le cachet de l'antiquité. On en retire un marbre blanc-grisâtre, d'un très beau grain, qui paraît former des masses puissantes et très étendues. Feu le général D'Uzer, l'ayant trouvé à fleur de terre, sur sa belle propriété des environs d'Hippone, en a fait bâtir toute sa ferme, maison et dépendances.

Des pierres, M. le général Duvivier passe à l'eau ; il y passe pour dire que si l'Algérie en a, elle n'en a pas beaucoup. « Quant à l'eau, dit le général, tout le monde a assez » lu les bulletins du corps d'occupation d'Afrique depuis » douze ans, pour s'être convaincu qu'elle ne se rencontre » pas partout (p. 4). »

Mais en vérité, général, où voulez-vous en venir ? Est-ce qu'en France même, vous avez de l'eau *partout ?* D'ailleurs, il ne serait peut-être pas difficile de démontrer que le nord de l'Afrique est aussi bien partagé en eau que n'importe quel autre pays le plus favorisé sous ce rapport. Ce travail, je ne l'entreprendrai point ; il me conduirait trop loin. Je n'en veux pas moins rappeler à M. le général Duvivier, que le premier événement remarquable advenu à la mémorable expédition de Bélisaire, à son débarquement en Afrique, fut la découverte d'une source

abondante (*). «Il leur arriva en creusant, dit Procope
» parlant des soldats de Bélisaire, une singulière aven-
» ture : ils trouvèrent une source qui fournit autant d'eau
» qu'il en fallait pour les nécessités des hommes et des
» bêtes. (*Histoire de la guerre contre les Vandales*, ch. 15,
» trad. de Cousin). »

La partie du nord de l'Afrique qui confine au désert
est peut-être, sous le rapport de l'eau, mieux partagée
encore que le littoral, car il résulte des rapports de tous
les voyageurs qui l'ont parcourue, Arabes et Européens,
qu'on y rencontre partout, mais plus particulièrement du
côté de Tuggurt, des eaux jaillissantes, de véritables
puits artésiens. Écoutons ce que l'anglais Shaw raconte,
à cet égard, du Wad-Reag :

«Les villages de Wad-Reag, dit ce voyageur, sont
» fournis d'eau d'une façon singulière. Ils n'ont, à propre-
» ment parler, ni fontaines ni sources, mais les habitans
» creusent des puits à cent, quelquefois à deux cents
» brasses de profondeur, et ils ne manquent jamais d'y
» trouver de l'eau en abondance. Ils lèvent, à cet effet,
» diverses couches de sable et de gravier, jusqu'à ce qu'ils
» trouvent une espèce de pierre qui ressemble à de l'ar-
» doise, et que l'on sait être précisément au-dessus de ce
» qu'ils appellent la mer au-dessous de la terre, *bahar*
» *tâht el erd.* Cette pierre se perce aisément. Après quoi,
» l'eau sort si soudainement, et en si grande abondance,
» que ceux qu'on fait descendre pour cette opération en
» sont souvent surpris et suffoqués, quoiqu'on les retire
» aussi promptement qu'il est possible. (*Voyages de Shaw*,
» t. 1er, p. 169.) »

(*) Bélisaire, comme on sait, débarqua à *Caput Vada*, à cinq jours
de Carthage, marche de piéton.

Qu'on nous permette de placer ici les paroles suivantes de Polybe, réfutant Timée, qui, lui aussi, comme le général français, avait quelque peu calomnié l'Afrique, tant il est vrai qu'il est, de nos jours, bien difficile de faire du nouveau, quelque désir qu'on en ait :

« L'Afrique, dit Polybe, est un pays dont on ne peut
» trop admirer la fertilité ; mais Timée a parlé de cette
» belle partie du monde en homme qui n'en avait aucune
» connaissance, sans lumières, sans jugement et unique-
» ment sur la foi d'anciennes traditions qui ne méritent
» aucune croyance : comme, par exemple, que ce pays
» est composé entièrement de terres sablonneuses et
» sèches qui ne produisent aucun fruit. Ce que l'on en
» dit par rapport aux animaux est tout aussi mal fondé.
» Il y a dans l'Afrique, des chevaux, des moutons, des
» chèvres en si grande quantité, que je ne sais si l'on en
» pourrait trouver autant dans tout le reste de l'univers...
» Qui ne sait qu'on y voit des éléphans, des lions, des
» léopards en grand nombre et d'une force prodigieuse,
» des buffles très beaux et des autruches d'une grandeur
» prodigieuse ?... Timée, cependant, garde, sur tout cela,
» un profond silence, et semble n'avoir pris à tâche que
» de nous débiter des fables. (*Histoire générale de la Ré-*
» *publique romaine*, liv. XII.) »

En résumé, et quoi qu'en ait écrit M. Duvivier, il est plus d'une contrée en Algérie dont on pourrait répéter ce que disait César des *camps Cornéliens*, aujourd'hui *Porto-Farina*, où s'était retiré Curion peu avant sa mémorable défaite. « Ce poste était très commode, dit César, pour
» tirer la guerre en longueur ; il était abondant en eau
» douce... Le bois n'y manquait pas, et la campagne était
» couverte de blé. (*La guerre civile*, lib. II.) » Et ainsi,
nous en avons l'intime conviction, juge de l'Algérie,

M. Duvivier lui-même, non pas peut-être dans sa mauvaise humeur et se préoccupant par trop de la nature de l'accueil qu'il peut avoir reçu en Afrique de la part de son ancien général en chef (*) ; mais M. Duvivier philantrope, et appelant de tous ses vœux l'extinction de notre hideux paupérisme, extinction qu'il voit avec bonheur dans les destinées futures de l'Algérie. Certes, après l'immense service rendu à la civilisation par la cessation de la piraterie, notre conquête d'Alger ne saurait être plus profitable à la France comme à l'humanité.

« Puisque, dit M. le général Duvivier, p. 92, pour » coloniser, pour défricher en Algérie, il faut absolument » recruter pour la mort… » Il venait de parler, p. 90, de *maladies mortelles* comme conséquences des travaux qu'on ferait exécuter à l'armée. Mais, à cet égard, pourquoi ne pas mettre en pratique le précepte si sage émis par M. Duvivier lui-même, p. 53 de son opuscule ? « Quant » aux canaux d'assainissement, dit M. Duvivier, la meil- » leure manière de ne pas y sacrifier du monde en pure » perte, c'est d'éviter d'en avoir besoin, par le fait du » choix intelligent de positions saines. »

Oui, dans notre opinion aussi, il faut renoncer à tout projet d'assainissement de certains lieux insalubres de l'Algérie. Le but pourrait être atteint, qu'il ne serait pas à tenter, à cause des dépenses et des pertes en hommes que les travaux nécessiteraient. Je dis que *le but pourrait être atteint*, car qu'on se rappelle toutes les tentatives qui ont été faites, à diverses époques, depuis les temps les

---

(*) *Personnellement*, dit M. le général Duvivier, *nous n'avons pas eu à nous réjouir, en Afrique, de la bienveillance du Gouverneur actuel*, p. 6.

plus reculés jusqu'à nos jours, pour assainir les *marais Pontins*, avec lesquels notre *Métidja*, par exemple, paraît avoir tant d'analogie ; qu'on se rappelle, dis-je, toutes ces tentatives, et voyons ce qu'elles ont produit ; voyons ce que sont aujourd'hui les *marais Pontins*. C'est ce que va nous apprendre un ancien ministre de Charles **X**, **M.** le baron d'Haussez, qui, dans ces dernières années, a traversé les *marais Pontins*, en se rendant à Naples.

« J'entrais, dit **M.** d'Haussez, dans les *marais Pontins* ; » je vis, à la porte de la maison de poste, cinq ou six » malheureux, au teint livide, aux joues creuses, à la » démarche chancelante... on aida l'un d'eux à monter » sur un cheval : c'était le postillon. La population con- » damnée à donner ses soins à ce sol pestilentiel, s'en » éloigne chaque soir, après que les travaux de la journée » sont terminés. (*Voyage d'un exilé*, t. **II**.) »

Et puis, d'ailleurs, à quoi bon songer à mettre en culture des lieux insalubres lorsque nous en avons tant d'autres qui n'attendent que le soc de la charrue, et dans lesquels on peut le mettre avec la même sécurité hygiénique que dans les environs de Paris. On ne saurait le proclamer trop haut, le climat du nord de l'Afrique est sain, parfaitement sain, à part quelques points marécageux comme on en rencontre en France et dans les pays les plus favorisés sous le rapport de la salubrité. Ainsi en jugeait Salluste, cet ancien proconsul d'Afrique, qui dit, parlant des habitans de la Numidie : « Les hommes sont » sains, agiles, résistant à la fatigue. La plupart arrivent » à une extrême vieillesse (*plerosque senectus dissolvit*), à » moins que le fer ou les bêtes féroces n'abrègent leurs » jours. (*Op. cit.*) »

Salluste écrivait, comme on sait, quarante ans avant l'Ère chrétienne : seize siècles plus tard, en 1526, Léon l'Africain, ce maure de Grenade, converti au Christianisme; Léon l'Africain, dis-je, après avoir parcouru les contrées qu'avait gouvernées Salluste, s'exprimait ainsi sur la santé et la longévité de leurs habitans :

« Le plus haut âge que puissent atteindre les habitans
» de toutes les cités et lieux de Barbarie, n'est que de
» soixante à septante ans, et il s'en trouve bien peu qui
» surpassent ce terme-là. Toutefois, il y en a, aux monta-
» gnes de cette région, qui accomplissent et passent encore
» les cent ans, et sont tels personnages fort gaillards et de
» robuste vieillesse, vous assurant que j'ai vu moi-même
» des vieillards de quatre-vingts ans labourer et cultiver
» la terre, fossoyer aux vignes, et faire, d'une prompti-
» tude et dextérité incroyables, tout ce qui était néces-
» saire. Et, qui plus est, je me suis trouvé au Mont Atlas
» avec aucuns personnages âgés de quatre-vingts ans,
» venir au combat, et s'éprouver contre de jeunes hommes
» forts et puissants desquels ils se savoient merveilleuse-
» ment bien défendre, dont la plus grande partie desdits
» vieillards faisait quitter la place à l'ennemi, obtenant
» bravement la victoire de lui (*Description de l'Afrique*,
» livre Ier, traduction de Jean Temporal). »

Cependant l'armée fait des pertes en Algérie, et ces pertes sont même assez fortes, ainsi qu'il résulte des chiffres qui en ont été donnés dans les derniers temps. Mais c'est ailleurs que dans le climat qu'il faut aller chercher les causes de la mortalité observée jusqu'à ce jour en Algérie; il faut les voir moins encore dans les fatigues et dans les privations auxquelles les troupes sont exposées

dans leur marche (*), que dans le manque d'abri qui les livre sans défense à toute la rigueur et à toutes les intem-
péries des saisons.

Ces idées sur les causes de la mortalité des troupes fran-
çaises en Afrique, sont celles de M. le capitaine d'état-
major de Prébois, qui dit, p. 20, *de l'Algérie prise au*
sérieux (**) : « Ce n'est pas la terre d'Afrique qui est mal-
» saine, mais les conditions d'existence imposées aux mi-
» litaires. »

En, effet, que si vous faisiez, dans le midi de la France,
table rase de tous les établissemens qui s'y trouvent, et
que vous y placiez une armée dans les mêmes conditions
que celles où se trouve l'armée d'Afrique, sans nul doute,
la première vous offrirait, sous le rapport sanitaire, des
résultats qui différeraient peu de ceux que vous offre aujourd'hui la dernière. Et pourquoi en serait-il autrement ?
Le grand élément de la diversité des climats, sous le rapport de la production des maladies, est la température.
Or, la température de l'Algérie diffère peu de celle du midi
de la France, surtout si, au lieu de prendre pour point
de comparaison le littoral, vous prenez l'intérieur du pays,
une ligne par exemple, qui s'étendrait de Constantine à
l'est, jusqu'à Mascara et Tlemcen, en passant par Sétif.
En effet, le climat de l'Algérie centrale, de la Haute-Algérie, ainsi que j'appellerai nos possessions de l'intérieur,
est absolument européen ; en hiver, du moins, l'hiver n'y
étant pas moins rigoureux qu'au centre de la France. Il

(*) Les vivres ne manquent plus aujourd'hui aux troupes expédi-
tionnaires ; c'est un résultat dont il faut savoir gré à l'administration,
car il n'est pas toujours facile à obtenir.

(**) Paris, 1842.

gèle et il neige abondamment tous les hivers dans la Haute-Algérie, où nous possédons Constantine, Sétif, Médéah, Miliana, Mascara et Tlemcen.

L'hiver dernier, il neigeait déjà à Sétif le 18 novembre ; mais Sétif, il est vrai, est le point le plus élevé de nos possessions de l'intérieur. Mascara ne reçut les premières neiges que le 14 du mois suivant. A Constantine, il neigea, pour la première fois, le 4 janvier, journée pendant laquelle les rues se couvrirent de quatre pouces de neige ; il y en avait, à la même date, six pouces à Sétif. A Médéah, les premières neiges ne tombèrent que dans la nuit du 4 février, mais en quantité telle qu'il y en avait le lendemain jusqu'à quatre pieds et plus sur les lieux les plus découverts.

Nous nous proposions de borner là notre *examen* de l'œuvre de M. le général Duvivier ; mais, puisque nous tenons la plume, gardons-là et poussons plus loin.

« Nous avons à fonder, dit M. Duvivier, un nouveau » royaume français, qui nous délivrera du paupérisme, et » qui, s'il réussit, aura de bien plus importans résultats » de force, de fixité, de civilisation chrétienne que ce » brillant et éphémère commerce de l'Angleterre (p. 23). »

Voilà, certes, un digne et noble but, et nous y applaudissons de tout notre cœur. Oui, notre paupérisme pourrait former en quelque sorte la base, le noyau de notre colonisation algérienne. N'est-ce pas aussi notre paupérisme qui, il y a deux siècles, a jeté les premiers germes de nos colonies d'Amérique ? Qui ne sait que nos premiers colons américains étaient des malheureux ramassés sur le pavé par des compagnies qui les engageaient pour travailler pendant trois ans, laps de temps après lequel ils pouvaient travailler pour leur propre compte, et de là le

nom de 36 *mois* sous lequel ils étaient connus. Mais la terre d'Algérie est grande ; elle est vaste, et on pourrait même dire sans limites, ayant le désert derrière elle. Les bords du Rhin, qui lui ont déjà fourni quelques colons, pourraient lui en fournir encore. C'est de là que sont venus les colons de la *Sierra Morena,* en Andalousie, les colons qui ont transporté l'Allemagne fertile au sein de l'Espagne déserte. Mais, sans sortir de nos propres foyers, nous pouvons fournir à l'Algérie ces Basques, excellens cultivateurs qui, depuis quelques années, émigrent en grand nombre en Amérique, où ils ne trouvent pour la plupart que la misère et la mort ; nous pouvons lui fournir aussi les enfans trouvés des deux sexes, dont regorgent aujourd'hui tous nos hospices. Ces enfans seraient un excellent élément de colonisation : tous sont élevés dans l'apprentissage de divers métiers, et par ces femmes de Dieu dont les bons exemples, sans doute, ne seraient pas perdus pour le pays. Les bons exemples sont d'une nécessité première dans une société naissante, et l'honorable M. Duvivier en sent toute l'importance lorsque, qualifiant d'*heureuse pensée* l'envoi des Trappistes en Algérie, il dit : « Ils donne-
» ront à nos populations l'exemple de ce que peuvent être
» des hommes ayant fait vœu de pauvreté, de travail et
» de discipline ; ils seront un modèle complet de ce que
» devrait s'efforcer d'être une population de colons (page
» 141.) »

Nous ne sommes pas moins que M. Duvivier persuadé des bons résultats que pourrait avoir, en Algérie, l'établissement d'une société religieuse se livrant à l'agriculture. Tout le monde sait, d'ailleurs, combien, dans le moyen-âge, en Europe, nos couvens ont contribué, au développement de l'agriculture et de la civilisation. Aussi est-il à regretter que l'envoi annoncé par M. Duvivier d'une société de trappistes en Algérie, n'ait pas reçu son exécution.

L'obstacle à notre établissement sur la terre d'Afrique est la population qui s'y trouve; nous le tournons sans cesse depuis que nous avons accosté en Afrique, et nous le tournons en faisant la guerre. Ce parti est-il le plus sage? Telle n'est pas l'opinion de l'honorable général, persuadé comme il l'est de l'impossibilité d'arriver, par la guerre, à la soumission des Arabes. Son opinion, à cet égard, il l'étaye par divers argumens, et il n'a garde, comme bien on pense, de négliger ceux qui lui sont fournis par son adversaire lui-même. « Pour prouver, » dit M. Duvivier, « que la soumission des Arabes ne saurait être possi-
» ble; pour prouver que toute soumission, accidentelle-
» ment obtenue, ne serait qu'apparente, éphémère, le
» meilleur moyen à employer d'abord est, peut-être, de
» transcrire ici quelques unes des considérations présen-
» tées par l'auteur (p. 64). » Ici suivent divers passages pris çà et là dans le Mémoire du général Bugeaud, et qui forment, dans celui du général Duvivier, le paragraphe qui commence ainsi : *Je n'hésite pas à le dire : les mêmes forces qui ont commencé la conquête seront indispensables pour la maintenir.*

M. Duvivier rappelle ensuite qu'alors que l'Afrique romaine était le plus florissante, elle était sans cesse inquiétée par les populations de l'intérieur, par les Barbares, ainsi que les Romains appelaient tous les peuples qui n'avaient pas encore accepté leur domination. « A chaque
» instant, » dit l'auteur, « ses cultures, à l'Afrique ro-
» maine, étaient ravagées, ses citoyens emmenées en es-
» clavage (p. 73). »

C'est, en effet, ce que nous voyons dans une lettre de saint Cyprien, évêque de Carthage, à ses collègues de la Numidie, au sujet de chrétiens que les peuples de l'intérieur avaient enlevés et retenaient prisonniers. « J'ai bai- » gné de mes larmes, mes très chers frères, » écrivait le saint évêque, « la lettre où vous me rendez compte de la » déplorable situation de nos frères et de nos sœurs en » captivité. J'en ai souvent interrompu la lecture par mes » gémissemens.......... Nous vous remercions donc, mes » très chers frères, d'avoir bien voulu nous associer à l'œu- » vre de votre bienfaisance, et nous vous envoyons cent » mille sesterces (de notre monnaie, 7,500 francs, selon les » uns; 10,000 francs, selon les autres), produit des offran- » des du clergé et du peuple de cette Église, que nous » avons l'honneur de présider. » (*Lettre à Janvier, Ma-xime, Proculo, Victor, Modien, Némésien, Nampule et Honorat,* évêques de Numidie.)

L'auteur rappelle encore que, depuis César jusqu'à l'arrivée des Vandales, en 428, l'Afrique compte au moins *dix-neuf grandes rebellions*, qui nécessitèrent l'emploi de *fortes armées romaines*, et que plusieurs demandèrent des années entières pour être comprimées (p. 73). M. Duvivier fait remarquer qu'indépendamment des grandes rebellions qui avaient lieu en Afrique dans ces temps reculés, il y en avait de partielles qui étaient continuelles. Parmi les dernières, M. Duvivier rappelle celle de Farax, dont le souvenir nous a été conservé par l'inscription d'*Au-zia* (*).

____

(*) C'est à Shaw, qui l'a consignée dans son ouvrage, que nous devons la connaissance de l'inscription d'*Auzia*, que nos troupes n'ont point encore retrouvée au château des Gazelles, ainsi que les Arabes

M. le général Bugeaud avait dit, p. 124 de son Mémoire : *La domination commence à s'établir ; la ruine d'Abd-el-Kader en était le premier degré, elle est consommée; ce qui existait est détruit..* « Or, les événemens, dit » M. Duvivier, sont bien loin d'avoir prouvé, jusqu'à pré- » sent, que cette soumission , annoncée comme un fait » accompli, soit incontestée et incontestable. Donc , si » l'auteur, qui est en même temps gouverneur-général, » s'est mépris sur la réalité des faits qui se sont passés sous » ses yeux, il est permis de croire, à plus forte raison , » qu'il peut s'être fait illusion sur ses calculs et sur ses » espérances (p. 67). »

Il est dans la nature de l'homme de croire ce qu'il désire. M. le gouverneur-général peut s'être trompé *sur la réalité des faits qui se sont passés sous ses yeux;* mais, en lui en faisant un reproche, l'auteur paraît avoir perdu de vue le tableau qu'il nous fait de l'Algérie au moment où il venait de la quitter, c'est-à-dire après la prise de Médéa, de Miliana, en 1840. Ce tableau, le voici :

« Les vieux réguliers d'Abd-el-Kader, dit M. Duvivier, » gisaient dans le cercueil ; ils étaient tombés dans les » combats acharnés de Blida, de la Chifa, de l'Atlas, de » Miliana, de Médéah, et les derniers s'étaient éteints sous » les maladies pendant le blocus d'été de cette ville. Dé- » sormais, les cinq bataillons n'allaient plus être com- » posés que d'enfans, héritiers de l'uniforme, mais non » de la valeur militaire de ces vieux prétoriens de l'é- » mir (p. 58).

appellent les ruines de l'antique *Auzia*. Plusieurs fois , déjà, notre armée est passée sur ce point , mais toujours dans des circonstances qui ne laissaient aucun loisir pour en explorer les ruines.

Lui aussi, **M. Duvivier**, s'est donc *mépris sur les faits qui se sont passés sous ses yeux ;* lui aussi s'est donc *fait illusion sur ses calculs et sur ses espérances.*

« Mais la soumission des Arabes, dit M. Duvivier, en
» la supposant une fois obtenue, après de pénibles efforts,
» mènerait-elle à une sécurité absolue pour les agricul-
» teurs ? serait-elle stable, ou bien éphémère, vacil-
» lante ?... » Ici encore, M. Duvivier combat son adversaire avec des armes qu'il lui emprunte, et ces armes
sont de nouveaux passages pris dans l'ouvrage de M. le
général Bugeaud. Nous nous bornerons à reproduire
les suivans :

« *L'histoire des Arabes nous apprend combien ils sont prompts à la révolte ; leur antipathie pour nous et notre religion durera des siècles... En Afrique, une armée euro- péenne se trouve dans la situation d'un taureau assailli par une multitude de guêpes... Ne nous faisons pas illusion à l'égard du concours des Arabes; ceux qui nous paraissent les plus dévoués ne viendront accroître nos forces qu'autant qu'ils y seront contraints.. Croirez-vous, en effet, que ce peuple si fier, si belliqueux, si prompt à la révolte, dont les gouvernans sont à la fois administrateurs, guerriers et ma- rabouts, puisse être..... Pour gouverner ces peuples, si peu accessibles, si guerriers, si différens de mœurs, si mo- biles, si ardens, il faut autant de forces, plus de forces peut- être, autant de persévérance et d'énergie qu'il en a fallu pour les vaincre* (*).*

(*) Il y a, dans l'ouvrage de M. le général Bugeaud, deux variantes de cette dernière phrase, l'une page 113, l'autre page 125 : Celle don- née par M. Duvivier, que nous avons dû conserver, ne reproduit ni l'une ni l'autre.

Après avoir cherché à établir, contrairement à l'opinion de son adversaire, que la soumission des Arabes
est impossible, et qu'accidentellement obtenue elle ne
serait pas durable, l'auteur termine par dire : « Nous
» croyons enfin que la colonisation peut se consolider,
» marcher d'un pas ferme et vigoureux sans la soumis-
» sion des Arabes (p. 64). » Cette même pensée, l'auteur la
reproduit dans sa note de la p. 80 : « Bien des personnes
» d'un talent incontesté ont, depuis longtemps, émis
» l'avis que la colonisation pouvait marcher indépendam-
» ment de la soumission de la Régence. »

C'est ainsi, du reste, disons-nous à **M. Duvivier**, que
marchait la domination turque en Algérie ; elle n'y a
jamais eu le concours des indigènes, ou elle ne l'a
eu que *fortuitement, accidentellement.* — Ici, d'ailleurs, nous n'avons pas le choix, de coloniser avec
ou sans les Arabes. « Il existe bien un autre moyen,
» dit **M. Duvivier**, celui d'une extermination absolue.
» Mais qui oserait la proposer ? qui se chargerait de son
» exécution (p. 80) ? » Personne, sans doute, dirons-nous
à **M. Duvivier**. Mais croyez-vous donc à la possibilité
même de cette exécution ? Non, et vous le confessez pour
ainsi dire à chaque page de vos *Quatorze observations.*
Mais un autre officier général dont la plume fait le plus
grand honneur à la presse militaire, **M. de Vaudoncourt**,
semblerait prendre au sérieux la possibilité de l'extermination des indigènes lorsqu'il dit, à l'occasion de la nécessité qu'il y aurait, selon **M. le général Bugeaud**, d'en
finir vite avec l'Algérie : « Il n'y aurait qu'un moyen, et
» ce moyen serait la prompte extermination des indigènes.
» (*Sentinelle de l'armée*, n° 375.) »

Mais, en vérité, est-ce donc une guerre pour rire que

notre armée fait en Afrique? Certes, ni nos soldats ni les arabes n'en ont cette idée..... Ne perdons pas de vué qu'une armée ne saurait détruire un peuple, parce qu'un peuple ne se détruit pas par une armée : un peuple, sous les coups d'une armée, est l'hydre de la fable, à qui repoussait une tête à chaque tête qu'on lui abattait. Mais un peuple peut être refoulé par un autre, et c'est l'histoire de tous les temps. Ainsi les Indiens de l'Amérique du Nord ont été refoulés par les Anglais ; ils se sont enfoncés dans leurs forêts au fur et à mesure que la population européenne s'est agglomérée sur le littoral. Ainsi feraient les indigènes du nord de l'Afrique, par l'implantation sur leur sol de populations fixes, de populations semblables à celles qui y firent dominer tour à tour, et Carthage, et Rome, et les Vandales, et les Arabes eux-mêmes. Ceux-ci, comme les Vandales ; les uns et les autres, comme avant eux les célèbres émigrans de Tyr ; tous, en se jetant sur l'Afrique, avaient *brûlé* leurs vaisseaux ; ils ne devaient plus revoir leurs pénates........ Que la conduite de l'Angleterre, dans l'Amérique du Nord, nous serve donc de renseignement ? Sans nul doute, tout ce riche pays, où brille dans ce moment une civilisation si avancée, serait, depuis tous temps, retombé dans sa sauvagerie première, si l'Angleterre se fût aventurée dans ses solitudes sans fin, à la poursuite des Indiens, qu'elle n'eût pas trouvés plus saisissables que nous, aujourd'hui, les indigènes de l'Algérie ; et n'oublions pas non plus que ces indigènes, je ne dis pas ces Arabes (*), n'oublions pas

(*) Ce ne sont pas les Arabes, mais les Kabyles, qui nous donnent le plus à faire en Algérie. Les Béni-Menasser, qui nous occupent dans ce moment dans la province d'Alger, sont des Kabyles.

que ces indigènes sont les guérillas de l'Espagne, que nos armées impériales n'ont pu détruire; ce sont les Cantabres, indomptables pour Rome même; ce sont enfin les descendans, et les descendans *pur sang*, de ces Numides, chez qui la multitude, comme disait Salluste, *ingenio mobili, seditiosum erat, cupidum novarum rerum, quieti et otio adversum*. Valère Maxime parle à peu près dans les mêmes termes des Numides et des autres peuples du nord de l'Afrique, à l'occasion de la loi qui affranchissait Masinissa de la domination romaine; il en rappelle l'inquiète férocité, *quiscentem feritatem*, qui ne permettait pas d'en espérer une paix durable. « Cette mesure, » dit Valère Maxime, « lui conserva (à Rome) l'amitié d'un roi qui avait
» si bien mérité de la république, en même temps qu'elle
» ferma son enceinte aux importunités des Numides et des
» autres peuples de ces contrées, dont l'inquiète férocité
» ne laissait aucun espoir d'une paix solide (lib. VII). »

Les indigènes de l'Algérie n'ont dégénéré en rien du caractère que les auteurs anciens ont tracé de leurs ancêtres. Nous ne saurions évoquer à cet égard un témoignage plus compétent que celui du général français, qui, de tous nos généraux, est sans contredit celui qui a vu le plus souvent et de plus près les indigènes de l'Algérie. « Les
» Arabes sont fiers et belliqueux, » dit M. le général Bugeaud; « la guerre, de tribu à tribu, est leur état normal.
» Dès leur enfance, tous les hommes, sans exception,
» s'exercent au maniement des armes et des chevaux; les
» entreprises hasardeuses les occupent sans cesse; le jour,
» ils combattent les bêtes féroces; la nuit, bon nombre
» d'entre eux se livrent au vol (*op. cit.*, p. 9).... » Il dit encore, M. le général Bugeaud, parlant de l'Algérie : « Elle
» est occupée par des populations bien plus nombreuses

» qu'on ne le croyait, et sans contredit les plus belliqueu-
» ses du monde. Dans ce peuple, tous les hommes sont
» guerriers depuis leur adolescence jusqu'à leur extrême
» vieillesse ; chacun, pris individuellement, est un homme
» de guerre redoutable (*op. cit.*, p. 23). »

Qu'on s'étonne donc aujourd'hui que, pour combattre
les indigènes de l'Algérie, notre armée se soit progressive-
ment élevée au chiffre de 75,000 hommes, et que ce chiffre même soit reconnu insuffisant pour arriver à leur soumission. Ce fait établi, quel enseignement en tirer? Qu'il
faudrait encore augmenter notre armée ?.... Mais vous
couvririez l'Algérie d'une armée de 100,000 hommes et
plus, en supposant que la France fût amenée à faire ce
prodigieux effort, qu'adviendrait-il ?.... vraisemblablement que vous pourriez vous avancer fort loin dans le
pays, aller jusqu'au désert, dans le désert même, ne ren-
contrant peut-être, pour tout obstacle, que le vide le plus
complet..... Mais quel serait, en définitive, le résultat de
cette vaste incursion, abstraction faite de toute autre con-
sidération ?.... Auriez-vous conquis l'Algérie? Pourriez-
vous vous y établir avec sécurité? Qu'auriez-vous fait pour
la colonisation ?.... Le flot que vous auriez repoussé serait,
plus ou moins vite, revenu sur vos talons ; les chaumières
que vous auriez renversées se seraient remontrées le lendemain, grâce aux broussailles des champs, l'incendie des
moissons, en fertilisant les terres, n'aurait rendu que plus
abondantes celles de l'année d'ensuite..... Et n'est-ce pas
d'ailleurs ce qui se passe en quelque sorte tous les jours
sous nos yeux, sur une plus petite échelle, il est vrai, depuis douze ans et plus que nous avons mis le pied sur la
terre d'Afrique ?... Qu'on y réfléchisse mûrement, jetés en
Algérie, 100 ou 200,000 soldats seraient sous le point de

vue de la colonisation, autant d'arbres sans germe ; il n'en
pousserait pas une racine ; il n'en naîtrait pas un colon.
Ici trouvent naturellement leur place les paroles de M. le
général Duvivier : « Si quarante bataillons de colons, or-
» ganisés en France, eussent été envoyés en dix colonies,
» sous dix chefs indépendans les uns des autres, colons
» eux-mêmes ; s'ils eussent été placés sur dix points salu-
» bres et convenablement espacés, on aurait depuis long-
» temps de bien autres résultats (p. 30). »

« A Bône, le général d'Uzer, dit M. Duvivier, avait
» donné aux troupes certaines terres qu'elles mirent en
» rapport pour leur profit absolu ; des opérations sem-
» blables commencèrent à Bougie, Oran, Guelma, Philip-
» peville, Cherchell, Médéah, etc. La pensée de porter les
» troupes à améliorer leur sort par la culture des terres,
» n'est pas nouvelle en Algérie (p. 61). »

On a vraiment lieu de s'étonner qu'ici l'honorable général n'ait rien trouvé à dire de la belle création, aux por-
tes d'Alger (*), du brave colonel Marengo, qui, en même
temps, est parvenu à améliorer la position d'une classe
d'hommes dignes aussi de toute la sollicitude de notre
philantropie. A coup sûr, c'est un oubli que l'honorable
général s'empressera de réparer, car, vraisemblablement,
il n'en est pas encore à son dernier mot sur l'Algérie.

De tous les hommes qui, jusqu'à ce jour, se sont occu-
pés de notre colonisation africaine, M. Marengo est cer-

(*) Le beau jardin de la porte l'abeloued, élevé sur un hideux ci-
metière, et où M. le colonel Marengo a réuni bon nombre de végétaux
exotiques. Ce jardin, de la contenance de neuf hectares, sera, dans
peu d'années, un véritable oasis, alors que les arbres plantés auront
encore acquis quelque accroissement.

tainement celui qui a le plus fait pour elle. Nous ne craignons pas de le dire, c'est avec des hommes de cette trempe qu'on fonde des colonies. Le colonel ne soulèvera aucune question oiseuse ; il ne vous présentera aucun système dont l'application ne serait pas immédiate ; il est, en quelque sorte, la réalisation de cette pensée de l'infatigable général à qui sont adressées les *Quatorze Observations* que nous examinons, à savoir qu'en Algérie, il faut *aller vite en colonisation* (p. 28 de son Mémoire). Au colonel Marengo, homme positif avant tout, il faut de l'actualité ; il faut qu'on fasse *tout de suite et vite ;* il faut aussi et surtout qu'on fasse à *bon marché*. Ainsi, par exemple, il vous dira : avec un million, c'est-à-dire juste ce que vous coûte l'entretien, en Algérie, d'un seul régiment ; avec un million et 1,500 condamnés, je vous aurais construit, dans deux ans, dix villages pour cent familles chacun. Au reste, le colonel, qui, depuis longtemps, criait dans le désert, a fini par être entendu, compris ; il est, dans ce moment, à l'œuvre... Déjà, en moins de six mois, le beau village de Saint-Ferdinand, avec sa maison vraiment royale, est sorti du sein des broussailles ; le sol de Sainte-Amélie se défriche, ses maisons s'élèvent ; le reflet du soleil sur la pioche et la truelle le signale au loin.... L'Empereur qui, sur le champ de bataille de Marengo, salua le petit tambour du nom de cette mémorable journée, saluerait aujourd'hui le colonel, sur son nouveau terrain, aux confins du Sahel (*), du nom de Cincinnatus ; et ce nom, sans doute, ne serait pas moins bien mérité.

(*) Massif de montagnes sur lequel a été jetée, au nord, la ville d'Alger ; il forme, dans le sud-ouest, une sorte de pointe ou d'éperon sur lequel est bâti St-Ferdinand, à deux heures environ de Dely-Ibrahim, marche de piéton.

Malheureusement, jusqu'à présent, on s'est beaucoup plus occupé de l'Algérie pour l'administrer que pour la cultiver ; pour lui trouver des gouverneurs que des cultivateurs ; l'honorable général lui-même est loin d'être à l'abri de ce reproche. Ainsi, nous le voyons renouveler la proposition qu'il avait déjà faite à une autre époque, comme il se plaît à nous en faire souvenir, celle de diviser l'Algérie en quatre provinces, qui auraient chacun un commandant supérieur indépendant des trois autres, et communiquant directement avec le ministre. Le général propose encore de former dans le ministère une division composée de notabilités, qui dirigeraient toutes les affaires de l'Algérie, et même de créer, pour ce pays, un ministère à part. Et le général ne s'arrête pas en si beau chemin : dans son élan organisateur, il va jusqu'à former de l'Algérie une *vice-royauté*, ce qui, du reste, avait déjà été proposé par M. le baron Baude dans son ouvrage sur l'Algérie.

M. le général Duvivier étaye sa proposition de diviser l'Algérie en quatre provinces, sur ce qui existait autrefois. « Cette division en plusieurs provinces, dit le général, n'est » point une idée nouvelle, car nous voyons qu'elle fut exé- » cutée par Auguste, l'un des plus habiles politiques de » l'antiquité (p. 114). » Sans doute on peut hardiment s'étayer de conceptions dans lesquelles on s'est rencontré avec Auguste ; mais à l'époque où vivait ce grand homme, les trois provinces qui constituent aujourd'hui l'Algérie, et ainsi que nous l'avons déjà fait remarquer, n'avaient pas moins de deux cent quatre-vingt-treize villes, sans compter celles dont les noms ne sont pas parvenus jusqu'à nous. Seul, le chiffre de ces villes, si peu importantes qu'elles fussent, suppose une population considérable. Or, quelle est, dans ce moment, la population européenne de l'Algérie ? Elle est de 40,000 âmes, pas plus, et ce chiffre nous est donné par M. le gouverneur-général, dans le Mémoire sujet des *Quatorze Observations* de M. le Général Duvivier. Ainsi, venir nous proposer de partager l'Algérie en quatre provinces, par la raison qu'il en était à peu près de même sous Auguste (je dis *à peu près*, puisque, sous Auguste, le pays n'était divisé qu'en trois provinces), n'est donc pas logique du tout ; car, avant de diviser, il faut avoir matière à division ; avant d'administrer, il faut avoir des administrés. Ce n'est pourtant pas que nous prétendions que , pour la facilité de son administration, le pays ne doive être plus ou moins divisé ; mais il nous semble que la division proposée par l'honorable général pouvait s'étayer sur d'autres considérations que sur les divisions anciennes du pays. Et remarquons-le en passant, M. Duvivier, que nous voyons se préoccuper à ce point, p. 114 de ses *Quatorze Observations*, de l'organisation administrative de l'Algérie, avait pourtant dit, p. 30 du même ouvrage : « Pour le succès de nos colonies des Antilles, la » fortune de la France voulut qu'on ne songeât à leur en- » voyer de gouverneurs et d'organisateurs que lorsque de » rudes corsaires français de ces mers y avaient déjà » achevé le véritable œuvre de la colonisation, par la cul- » ture et par la solidité de résistance contre les attaques » des Caraïbes (p. 30).»

M. le général Duvivier fait bon marché de notre gloire militaire en Algérie. « La gloire militaire à acquérir en » Algérie, pour la France, dit M. Duvivier, n'est ni grande » ni fréquente ; ce n'est pas celle-là qui l'illustrera dans » l'histoire future (p. 86).» Il ne voit pas non plus une grande gloire à acquérir pour les officiers supérieurs ap-

pelés à servir en Algérie. « Ces combats de tirailleurs, dit
» M. Duvivier ; ces combats de tirailleurs, qui composent la
» guerre en Afrique, tout dangereux, tout harassans, tout
» méritoires qu'ils sont pour les soldats et les officiers,
» n'ont aucun rapport avec les mouvemens d'une simple
» brigade dans les combats d'Europe (p. 128). » Et il
venait de dire, page 86 : « Tout bon chef de bataillon
» aurait suffi pour mener à bonne fin la presque totalité
» des expéditions qui y ont été faites. » Aussi, et contrairement à l'opinion de M. le général Bugeaud qui, page
122 de son Mémoire, présente l'Algérie comme une grande
école militaire pour notre cavalerie comme pour notre in-
fanterie ; aussi, dis-je, M. Duvivier pense-t-il qu'en Algérie « les officiers gagnent peu d'instruction et même
» d'expérience militaires pour un autre théâtre de guerre;
» que peut-être même ils y prennent trop l'habitude de
» méthodes, très bonnes contre les Arabes, mais qui coû-
» teraient bien cher si elles étaient répétées en Europe
» (p. 93). » Une opinion semblable avait déjà été émise
par d'autres écrivains militaires, notamment par M. le capitaine de Prébois qui, depuis longtemps, lui aussi, comme
l'honorable général, se débat dans la question d'Afrique (*).

Les idées de M. Duvivier sur la nature de la guerre en
Algérie ne laissent pas de le rendre sévère, injuste même,
on pourrait dire, envers les généraux appelés à y com-
mander notre armée ; car il ne voit aucune récompense à leur décerner pour prix de leurs labeurs. Mais
donnons, sur ce point, les propres paroles de l'honorable
général :

(*) *Op. cit.,* p. 73.

« La plus grande faveur, dit M. Duvivier, qu'on puisse,
» en ce monde, accorder à un homme, c'est de le placer
» dans des circonstances qui lui permettent d'acquérir une
» glorieuse mémoire dans les siècles. La récompense des
» peines qu'on s'y donne est alors dans le succès même ;
» c'est la plus belle possible (p. 128). »

Cette récompense est fort belle sans doute, mais, par
le temps qui court, elle est vraiment par trop chrétienne.
Ainsi donc, pour M. Duvivier, plus de récompenses ter-
restres à espérer pour MM. les gouverneurs en Algérie,
pussent-ils même, car M. Duvivier n'admet aucune exception au principe qu'il pose ; pussent-ils même satis-
faire aux conditions imposées par Rome à ceux de ses
généraux qui aspiraient au triomphe. On sait que, pour
prétendre à cet honneur, il fallait, d'après la loi sur le
droit de triompher, *jure triumphandi*, avoir tué 5,000
hommes d'ans une seule bataille, *una acie*, loi que plus
tard on fut obligé de fortifier par une autre, de L. Marius
et de M. Caton (tribuns du peuple, l'an de Rome 691),
laquelle établissait des peines contre les généraux qui
auraient osé en imposer, dans leurs dépêches, sur le
nombre des ennemis ou des citoyens tués dans la bataille.

« Ils étaient obligés, dit Valère Maxime, dès leur en-
» trée à Rome, de jurer, devant les questeurs de la ville,
» qu'ils avaient fait au Sénat un rapport conforme à la
» vérité. (*Jubet que : eos, quum primum urbem intrassent,*
» *apud quæstores urbanos jurare, de utroque numero vere*
» *ab his senatui esse scriptum.*) (*) »

Sans contredit, M. Duvivier est un des officiers qui,

____

(*) Valère Maxime, lib. II, cap. VIII.

dans nos campagnes d'Afrique, ont le mieux mérité du pays, ainsi qu'en témoigne sa rapide carrière. Mais, nous le demandons à M. Duvivier, général, qu'eût dit M. Duvivier, capitaine, si, à chaque récompense qu'il a méritée en Afrique, on lui eût tenu ce langage : *La récompense des peines* que vous vous êtes données, *est dans le succès même* que vous avez obtenu ; *c'est la plus belle possible...* Que ces mêmes paroles, nous en prions le ciel, ne soient pas, quelque jour, renvoyées à leur auteur par les dispensateurs des récompenses de ce monde !... qui sait même si déjà ?...

Le général ne reconnaît de mérite à faire la guerre en Afrique que pour les soldats et pour les simples officiers : « Le mérite incontestable dans ces expéditions, dit » M. le général Duvivier, est pour les soldats, pour les » simples officiers, marchant à pied, présens partout » (p. 86). »

Oh ! oui, certes, le mérite est grand pour le soldat et pour le simple officier dans nos expéditions d'Afrique ; leur mérite est grand, car leurs misères y sont infinies.

« Si l'on en doute, ajoute M. Duvivier, que l'on com- » pare proportionnellement le chiffre des blessés, des » tués et des morts fourni par eux, au chiffre de même es- » pèce fourni par les officiers supérieurs ou généraux » (p. 86). »

Mais le général confond ici, ce nous semble, des choses très distinctes. Sans contredit, le chiffre des soldats et des simples officiers morts de maladie pendant ou après les expéditions d'Afrique est proportionnellement plus considérable que celui des généraux et officiers supérieurs morts de maladie dans les mêmes circonstances,

mais il en est autrement du chiffre des soldats et des officiers subalternes, tués ou blessés, comparé à celui des
officiers supérieurs également tués ou blessés. Ici le chiffre des uns et des autres est à peu près le même, et il doit
être ainsi, à raison de la nature de la guerre d'Afrique,
guerre de tirailleurs, comme M. Duvivier lui-même le fait
remarquer, guerre, par conséquent, où le chef et le
soldat sont également exposés. Du reste, ici, comme en
toute autre chose, les faits parlent plus haut que tous
les raisonnemens du monde, et nous prions le lecteur de
jeter les yeux sur la liste que nous rapportons (*) des généraux et des officiers supérieurs tués ou blessés en Algérie
depuis notre prise de possession de ce pays ; nous y joi-
gnons celle des officiers de santé, également tués ou
blessés en Algérie, pendant le même laps de temps,
cette classe d'employés étant de coutume plus épar-
gnée que les officiers combattans dans nos guerres européennes.

Je borne là mon *examen* de l'œuvre de M. le général
Duvivier. Comme on a dû le remarquer, si je n'adopte aucune de ses opinions dans ce qu'il dit de l'Algérie consi-
dérée en elle-même, c'est-à-dire de son sol, de ses eaux,
de ses productions, de son climat, je suis, pour le reste,
presque toujours de son avis. J'aime à croire que, dans ses
pensées d'avenir pour le pays, il me saura quelque gré d'a-
voir cherché à lui faire voir le tableau sous un jour plus
favorable que celui sous lequel il a pu lui apparaître un
instant. Nous, dans tous les cas, nous lui devons de la
reconnaissance pour avoir examiné la question d'Afrique
sans trop y laisser poindre le prisme du métier, si ce

______

(*) Voir à la fin.

n'est peut-être à propos du meilleur mode de gouverne-
ment à donner au pays ; tant il est difficile à l'homme de
se dépouiller tout à fait de l'enveloppe dont il s'est une
fois revêtu ! Tant est vraie cette pensée du poète :

Chassez le naturel il revient au galop !

(**Destouches**, *le Glorieux.*) .

GÉNÉRAUX ET OFFICIERS SUPÉRIEURS TUÉS EN ALGÉRIE DEPUIS LA PRISE D'ALGER, 1830, JUSQU'AU 1ᵉʳ JUIN 1843.

MM. les généraux :

DAMRÉMONT, lieutenant-général.
PÉREGAUX, maréchal de camp.

MM. les colonels :

DE MAUSSION, de l'état-major.
OUDINOT, du 2ᵉ chasseurs d'Afrique.
COMBES, du 47ᵉ de ligne.
LEBLOND, du 48ᵉ de ligne.
HOUBLE, au service de Suisse.
ALLEMAND DE ILLENS, du 58ᵉ de ligne.

MM les lieutenant-colonels :

MILTGEN, du 4ᵉ chasseurs d'Afrique.
CHARPENAY, du 23ᵉ de ligne.

MM. les chefs d'escadron :

RICHEPANSE, des hussards.
CRÉBASSON, du 4ᵉ chasseurs d'Afrique.
LESPADA, *idem*.

MM. les chefs de bataillon :

TRÉLAN, aide-de-camp de **M.** le maréchal de Bourmont.
SALOMON DE MUSIS, commandant supérieur à Bougie.
SÉRIGNY, du 2ᵉ léger.
VIEUX, du génie.
HORAIN, de la légion étrangère.
RAFFET, du 24ᵉ de ligne.
GAUTRIN, commandant supérieur à Cherchel.

GÉNÉRAUX ET OFFICIERS SUPÉRIEURS BLESSÉS EN ALGÉRIE DEPUIS LA PRISE D'ALGER , 1830 , JUSQU'AU 1er JUIN 1843.

MM. les généraux :

SCHRAMM , lieutenant-général.

MARBOT, lieutenant-général.

D'ARLANGES, maréchal de camp.

TRÉZEL , *idem.*

CHANGARNIER , *idem.*

DE RUMIGNY, *idem.*

MM. les colonels :

SCHAUEMBOURG, du 1er chasseurs d'Afrique.

DE BOURJOLLY , *idem.*

BEDEAU , du 17e léger.

DELARUE, aide-de-camp du ministre.

MM. les lieutenant-colonels :

MAREY, des spahis.

DE LAMORICIÈRE, des zouaves.

CORTÉ, du 1er chasseurs d'Afrique.

RÉGNAULT, du 48e de ligne.

CORNILLE, du 2e de ligne.

MM. les chefs d'escadron :

DUBERN, du 1er chasseurs d'Afrique.

GALLIAS, du 2e chasseurs d'Afrique.

MM. les chefs de bataillon :

HUBERT SALADIN, au service de Suisse.

GALLEMANT, du 24e de ligne.

DE COMPS, du 48e de ligne.

MARCHSAN, *idem.*

BISSON, du 3e chasseurs d'Orléans.

DAMESME, du 2e bataillon d'Afrique.

OFFICIERS DE SANTÉ TUÉS EN ALGÉRIE DEPUIS LA PRISE D'ALGER, 1830, JUSQU'AU 1er JUIN 1843.

MM. les chirurgiens-majors :

BEUGNY, des zouaves.

LEPELLETIER, du 19e léger.

MM. les aides-majors :

MOÏSE, du 66e de ligne.

FAR, du 1er bataillon d'Afrique.

BUBBE, pharmacien de l'hôpital de Mascara.

MM. les sous-aides :

MARSEILHAN, de l'hôpital de Philippeville.

BUGENS, de l'ambulance de la division d'Alger.

SAVARON, de l'ambulance active de Bone.

OFFICIERS DE SANTÉ BLESSÉS EN ALGÉRIE DEPUIS LA PRISE D'ALGER, EN 1830, JUSQU'AU 1er JUIN 1843.

MM. les chirurgiens-majors :

GÉNIN, du 24e de ligne.

LERMA, du 61e de ligne.

MM. les aides-majors :

COOCHE, des ambulances.

CERTY, de la légion étrangère.

THINUS, du 17e léger.

SECOURGEON, de la légion étrangère.

EICHACKER, des zouaves.

STÉPHANOPOLI (Michel) de l'ambulance de Philippeville.

COLMANT, du 6e léger.

DAUBRESSE, de l'hôpital de Milianah.

CLAUSEL, (son cheval blessé sous lui).

MM. les sous-aides :

DELAHAYE, de l'ambulance d'Oran.

DUCROT, de l'hôpital de Blida.

GIRARD, du camp de l'Arba.

PUJADE, de l'ambulance de la division d'Al..

KRUG, *idem.*

DURAND, *idem.*

DEJAGHER.

Nota. MM. EON et MAUBLANC, sous-aides de l'ambulance d'Alger, eurent leurs chevaux blessés sous eux, à un jour d'intervalle, dans les opérations auxquelles ils prenaient part en 1842.

PARIS. — Imprimerie de **LACOUR** et **MAISTRASSE**, rue Saint-Hyacinthe-Saint-Michel, 33.

www.ingramcontent.com/pod-product-compliance
Lightning Source LLC
Chambersburg PA
CBHW061232030726
47595CB00004B/1488